LIBERTAD
FINANCIERA

LIBERTAD FINANCIERA

Introducción

Los expertos hacen previsiones, pero la consigna es preparación. La mayoría de la gente no tiene formación financiera; la economía mundial depende de la deuda y la forma más rápida de aumentar la liquidez es pagar menos impuestos.

La actitud que hay que adoptar es contraria a la que proponen los telediarios, el dinero no nace en nuestras manos, sino en nuestra cabeza.

Todos dicen que hay que ir a la escuela, pero no te enseñan nada sobre dinero. Cuando se trata de dinero, no hay equidad y justicia; o eres un ganador o un perdedor.

Vas a la escuela

Encontrar un trabajo

Trabaja duro

Gastar menos de lo que ganas

cosas diferentes. Por ejemplo, están los braseros que juegan en la bolsa, los que son buenos en encontrar bienes raíces, etc....

¿La escuela aún cuenta?

La escuela es muy importante, forma las generaciones futuras, pero podría mejorarse.

 No ayuda a comprender las nuevas normas de la economía y del trabajo, sino que promueve las "antiguas". Forma para ser empleado; la idea es esta: "Estudia, saca buenas notas y serás contratado por una empresa". En el mundo de hoy, en cambio, vence quien es creativo y piensa con su propia cabeza yendo contra corriente.

Los niños viven con el miedo de tomar una mala nota, los padres y profesores lo ven como una tragedia, el estudiante en consecuencia crece con el terror de equivocarse y ser juzgado. El momento de la pregunta o de la verificación debería ser el más bello, una ocasión de confrontación y crecimiento, en la que se pueda mostrar realmente lo que se ha aprendido y expresar sus ideas al respecto.

Los errores son excelentes maestros; ¡se aprende mal!

Por supuesto, errar es humano, perseverar es diabólico. Hay que aprender la lección.

Ir a la escuela debería ser estimulante, pero las clases son aburridas, los estudiantes esperan el sonido de la campana.

Habría que utilizar técnicas de aprendizaje innovadoras y divertidas, como hacer trabajar a los niños en equipo poniéndolos a prueba con la resolución de problemas; pero, por desgracia, son todavía muy pocos los profesores que utilizan estos métodos.

¿La escuela aún importa? La respuesta puede ser sí, si el objetivo es aprender a leer, escribir, hacer cálculos, conocer los fundamentos de la historia y la geografía; pero desde el punto de vista del negocio la respuesta es no. No es determinante para lograr el éxito laboral y económico, lo demuestran, por ejemplo, los niños que se hacen ricos publicando vídeos en Youtube, por abandonar sus estudios.

Adiós a la pensión estatal

El Instituto Nacional de la Seguridad Social (INPS) se está desmoronando debido a los cambios en las reglas de la economía. Si hoy tienes menos de 30 o 35 años, nunca recibirás una pensión del Estado.

Pronto no habrá dinero para pagarlas, porque cada vez hay menos puestos fijos y cada vez menos personas pagan sus contribuciones.

Este Gobierno se dirige hacia la abolición de los derechos individuales, haciendo a las personas más pobres y menos libres.

Capítulo I

Seguridad, libertad, riqueza.

Un empresario de la nueva economía crea sistemas que pueden realizar su trabajo de manera totalmente automática las 24 horas del día, y le permiten ganar también mientras duerme.

Cuando hablamos de seguridad económica, nos referimos a la certeza de recibir ingresos financieros pase lo que pase, pero en realidad todo es una ilusión.

La verdadera seguridad, la encontrarás sólo dentro de ti mismo; viene del carácter de acero y de la confianza en tus capacidades.

El primer paso para convertirse en un empresario evolucionado es cambiar la forma de pensar.

La parábola del acueducto

El caso se produce en un pueblo en el que viven pocas personas, todas ellas con un pensamiento común que las atormenta, en relación con un gran problema: la sequía.

A dos habitantes, Marco y Luca, se les ocurre una idea: comprar dos cubos, llegar a un río cercano, y llevar cada día agua al pueblo. Es un trabajo físicamente agotador pero remunerador. Los dos amigos a mitad del día venden el agua recogida a sus compatriotas ganando 100 euros cada uno.

Después de algunos días, Marco empieza a doler la espalda, está cansado, y no está contento con este trabajo; cree que lo que gana no es suficientemente proporcional a la fatiga que hace.

Un día se iluminará: construirá un acueducto. Deja de lado el transporte de cubos de agua y gasta todo lo que ha ganado en su nuevo proyecto.

Luca, mientras tanto, continúa su trabajo enriqueciéndose cada vez más; es apreciado y estimado por todos. En cambio, Marco es considerado un tonto: su amigo se está haciendo rico y la gente del pueblo no entiende por qué él en cambio ha abandonado su trabajo.

Después de algunos años, las cosas ya no le salen bien a Luca; se siente cansado por el trabajo que lo destruyó.

Cada día que pasa transporta menos cubos, y por lo tanto gana cada vez menos. Mientras tanto, Marco ha completado su proyecto; el acueducto está listo.

El agua fluye ahora de forma autónoma desde el río hasta el pueblo, independientemente de lo que haga Marco (el creador).

Lucas cae en desgracia; pero Marcos no se ha olvidado de su amigo.

Le propone que le enseñe a construir un acueducto y a hacer negocios con él. El plan es ir a las aldeas vecinas para enseñar la construcción a cambio de dinero. Posteriormente, aquellos que han sido formados para crear el acueducto difundirán su conocimiento a otras personas.

Luca y Marco tomarán un porcentaje de cada nuevo acueducto construido.

Al final de la historia, hay un final feliz; tanto Lucas como Marcos ganan sin hacer nada, y el problema de la sequía ha sido erradicado.

Esta historia nos muestra lo que significa realmente la libertad financiera.

Encontrar un método que le permita generar valor independientemente del tiempo que le dedique; enseñe y forme a alguien, será más lucrativo que un trabajo normal. La creación de una "cadena de valor" que beneficie a todos, especialmente al creador de la misma, es una de las mejores técnicas. Todo el mundo será más feliz, y el trabajo más fácil.

Estos son los beneficios de las actividades que conducen a la libertad financiera:

- Provocan fatiga sólo al comienzo del proceso y luego se vuelven más sencillos
- No tienen límite de ganancia
- La fuente de beneficios no queda obsoleta. Cuando la "solución" se vuelve tecnológicamente superada, todo el proceso vuelve a empezar;

encontrando una nueva solución a un nuevo problema, y así sucesivamente.

Pero hay prejuicios que hay que desmentir; el más común es que cuando decides aventurarte en algo nuevo "sabes lo que dejas atrás, pero no sabes lo que encontrarás". Lo desconocido puede ser aterrador, pero a veces saltar es la mejor opción.

La historia del acueducto lo demuestra.

La regla del 70/30

¿Es posible lograr la libertad financiera utilizando el 70 % de tus ingresos?

Empecemos por el hecho de que, cuando compramos un bien, pagamos un precio que incluye también el IVA (impuesto sobre el valor añadido). Es un impuesto que todos pagamos.

Son diferentes los impuestos a pagar, y que van a disminuir nuestros ahorros. Una vez pagadas todas, nos queda un ingreso neto igual al 70% que debemos gestionar y utilizar para vivir y soportar los gastos de "administración ordinaria" que cada ser humano tiene mensualmente. Hay que adaptar su estilo de vida a los ingresos que se perciben; y no dar "el paso más largo de la pierna" o se encontrará con una decaída financiera.

Por lo tanto, para mantener la independencia financiera es necesario tener mucho cuidado con las salidas; nunca deben superar las entradas y hay que mantener un margen de seguridad para evitar situaciones no agradables.

El 30 % restante de los beneficios debe utilizarse para proteger la libertad financiera; un tercio se utiliza para invertir en capital, un tercio para ahorrar y el último tercio para fines benéficos.

Ahorro

Una parte del 10% de tus ingresos es para ahorrar. Esta reserva puede darte serenidad mental; ahorra dinero en caso de emergencia o invierte en nuevos proyectos. Si tienes miedo de no poder conservar esta cantidad, puedes unirte a un plan de inversión; en el futuro, podrás disponer de tu pago, incrementado por un tipo de interés.

Otra opción es gestionar el ahorro por sí mismo, depositando su parte en su cuenta bancaria sin gastarla.

Beneficencia

El 10% restante debería destinarse a obras de caridad; tienes así la manera de devolver a la sociedad parte de lo que ganaste. Es una gran manera de hacer obras benévolas y gestionar lo mejor y de manera inteligente la libertad financiera que se ha logrado.

Capítulo II

5 reglas para ganar hoy

1- Diversificados.

Hoy, para tener éxito en la economía, tienes que hacer lo contrario de lo que hace la masa, tienes que diversificarte, emerger y distinguirte.

2- Ama lo que haces.

3- Trabajar no sólo por el dinero.

4- No dar un valor al tiempo.

5- Desarrolla un carácter de acero.

Tienes que ser lo suficientemente fuerte para superar todos los desafíos que tienes delante.

Además de las 5 reglas también necesitas un plan operativo, un proyecto claro y definido que te lleve a alcanzar tus objetivos.

9 reglas para crear un plan

Para crear un plan de operación ideal, debe seguir las siguientes reglas:

- Es importante tener al menos una fuerte razón que te motiva cada día a esforzarte por alcanzar tu libertad financiera. Si esta falla, no encontrarás el impulso para cambiar tus malos hábitos y alcanzar tus metas.

- Elegir a las personas que hayan realizado una buena carrera con un traje de vestir financiero que sirva de ejemplo. Seguir los pasos de los mejores es el primer paso para lograr resultados excelentes. Si ellos lo han conseguido, tú también puedes.

- Debes concentrarte siempre en tu libertad financiera; elige cada día ser libre. Esto no es fácil; es mucho más fácil seguir un comportamiento económico dependiente.

- Elige cuidadosamente a las personas que te rodean. Los amigos y los familiares son un elemento que influye considerablemente en nuestro comportamiento. A menos que persigan tus propios objetivos de independencia financiera, no dejes que limiten tus sueños y metas. Lo ideal es encontrar gente que comparta tu pensamiento.

- Encuentra los mejores asesores; es un gasto necesario. Identificar lo barato es fácil, pero recuerda que lo que pagas es proporcional al servicio que recibes. No cometas el error de subestimar este factor; ahorra en otras cosas.

- Cuando haces una inversión, intentas obtener siempre un regalo; algo más de lo que se te propone.

- Para ser rico se aprende con la experiencia. Haz tuya una fórmula y luego pasa a la siguiente.

Obtener beneficios es un poco como cocinar; tienes la receta y los ingredientes necesarios para prepararla. Al principio va a ser duro, el plato no va a estar bien, pero con el tiempo vas a ser muy bueno, hasta que aprendas la receta al 100%. En ese momento, puedes pasar a la siguiente, y así sucesivamente.

- Estás esperando compras. No compres cosas a crédito. Por cosas me refiero a todos esos bienes que momentáneamente te satisfacen emocionalmente, pero que sólo conducen a una disminución del flujo de caja.

- Se paga a sí mismo antes que a nadie. Lo que quiero decir es que tienes que pagar tu "salario" antes de impuestos, impuestos y proveedores. Determina para cada ingreso el porcentaje que te corresponde; por ejemplo, el 30% y guárdalo en una cuenta de depósito. Esto te enseña a manejar mejor tus entradas y a mantener un cierto rigor.

Puede haber momentos en los que necesites todo el dinero que ingrese para poder continuar con tu negocio; en estos casos tendrás dificultades para pagarte a ti mismo. Estas situaciones también servirán como experiencia para fortalecer tu carácter.

Capítulo III

La libertad financiera

Es una condición económica en la que recibes ingresos independientemente de tu trabajo y en cantidad suficiente para satisfacer el estilo de vida que deseas. Ya sea que trabajes o no, sigues teniendo ingresos. Eres libre de hacer lo que quieras en tu vida, puedes viajar o quedarte en casa, no importa, igual tendrás acceso. Se trata ante todo de una libertad personal y económica.

Para conseguirlo, tienes que convertirte en empresario, pero no en uno de los viejos. Tienes que ser una persona creativa, dinámica, que a menudo trabaja desde casa aprovechando el poder de la tecnología; abierta a compartir y capaz de crear un equipo de personas valiosas para el reconocimiento y la gratitud. Lo importante es entender que puedes automatizar los procesos de trabajo produciendo un gran resultado sin tu presencia física. Lo que se hace es desvincularse del vínculo tiempo-dinero.

La fórmula de la libertad financiera: los esquemas de Kiyosaki

A todo el esquema financiero de Kiyosaki; un famoso empresario, escritor y especulador estadounidense, sólo hay cuatro términos:

1- Ingresos:

un flujo de dinero que entra en su presupuesto personal.

2- Gastos:

un flujo de dinero que sale de su presupuesto personal.

3- Activos:

algo que produce una entrada.

4- Pasivo:

algo que produce una salida.

Estos son los esquemas:

1-El esquema financiero de la clase pobre.

En este esquema, se producen ingresos a través del trabajo, pero éstos no son suficientes para satisfacer todas las necesidades secundarias, ya que son de bajo importe, y a menudo suficientes para pagar sólo gastos de primera necesidad, como, por ejemplo, las facturas. Así que el dinero que entra sale inmediatamente. Este método lleva a conformarse con cualquier trabajo, siempre que haga ganar lo suficiente para sobrevivir.

2- El esquema financiero de la clase media.

Los que forman parte de la clase media, tienen un trabajo que les permite tener mayores ingresos y pueden permitirse pasivos, como la hipoteca o las cuotas de la máquina, es decir, salidas de dinero recurrentes. Por lo tanto, se es aún más dependiente de su trabajo, porque en caso de que éste falle, no sólo se tendrían gastos que se podrían reducir voluntariamente, como por ejemplo comprando productos de marca inferior, pero también habría salidas constantes.

3- El esquema de la libertad financiera.

En este caso, los ingresos se utilizan más conscientemente; habrá gastos, pero se tenderá a destinar una parte de los ingresos a los activos que son inversiones, actividades financieras, participaciones en empresas o cualquier otra cosa que genere ingresos financieros distintos del trabajo y que sea recurrente, y que no se inscriba en el horario habitual de trabajo.

Los activos son todo lo que llega de forma pasiva y automática sin que haya un compromiso activo. Poseer activos puede llevar a la libertad financiera porque esos ingresos adicionales, si usted es financieramente sabio, no se gastarán en cosas triviales, pero al menos en parte se reinvertirán para crear activos más grandes que generen ingresos adicionales. Se creará un círculo vicioso hasta el punto en que los ingresos adicionales superarán los ingresos del trabajo.

De este modo se podrá decidir prescindir del trabajo y si los ingresos pasivos son mayores que los gastos, entonces se podrá decir que se ha alcanzado la libertad financiera.

No será obligatorio dejar el trabajo, pero se podrá cambiarlo haciendo lo que se prefiera y eso es precisamente lo que se entiende por libertad, tener la posibilidad de elegir y no estar vinculados; Lo importante es no llegar a depender exclusivamente del trabajo.

Capítulo IV

El trading (TOL)

El trading en línea es una forma de inversión que puede hacerse también desde casa, basta con tener un ordenador y una conexión a internet; permite la independencia financiera mediante la compra y venta de valores en bolsa.

Se actúa a través de un software denominado "plataforma de negociación", distribuido por sociedades financieras de brókers en línea.

Lo que los brókers hacen es iniciar una transacción de valores en nombre y por cuenta de sus clientes, pidiendo a cambio una comisión por cada transacción que llevan a cabo.

Para realizar este tipo de trabajo es obligatorio estudiar y practicar mucho, porque se trata de un mercado muy difícil; es un instante cometer un error y fracasar.

Se abre una cuenta en un bróker para iniciar la actividad.

No es un tipo de trabajo que todos pueden hacer, está bien para muy pocas personas, hay que ser muy bueno en la gestión de la emotividad y el estrés que este oficio provoca constantemente. El aspecto psicológico es muy importante; el grado de operatividad no se determina en términos absolutos, sino que depende del carácter y la personalidad del sujeto. Por ejemplo, para algunas personas puede ser óptimo trabajar poco, y en una perspectiva de tiempo amplia; para otras trabajar mucho en un período de tiempo más corto.

Es un asunto muy personal, un ámbito en el que no se puede generalizar ni dictar una norma fija.

¿Para quién es esto?

El trading en línea es para aquellas personas que quieren alcanzar la independencia financiera invirtiendo su dinero por su cuenta.

Para lograr una ventaja real con el trading en línea (TOL), es necesario hacer mucho; resistir las fuertes tensiones que provoca el mercado, estudiar y mantenerse al día para tener un plan de acción bien diseñado.

La inestabilidad de los mercados financieros, pone en dificultad la salud mental del trader; estamos en un mercado muy difícil e imprevisible. Hay que ser capaz de mantener el control y de modificar la operatividad en función de las modificaciones del mercado.

Un carácter de acero es la única solución para no hundirse en esta fosa de leones. Si no se puede manejar la emotividad, incluso después de varios intentos, tal vez sea el momento de cambiar de profesión antes de terminar con un gran agujero financiero.

¿Cómo empezar?

Primero crea una cuenta desde un bróker en línea, descarga la plataforma y aprende a utilizarla; entonces empieza la parte difícil. Debe planificarse una estrategia de acción con objetivos y plazos para alcanzarlos.

Sin embargo, la estrategia no es estática, cada cantidad de tiempo debe actualizarse y mejorarse; se modifica en función de los cambios en el mercado financiero y de las diversas evoluciones personales.

Con el tiempo, se puede adaptar a lo que se entiende que es el mejor camino para uno mismo; por ejemplo, se puede pasar de una perspectiva a largo plazo a una de corto plazo, y viceversa. Una vez elegido el nuevo camino hay que ponerlo en práctica de manera eficiente para empezar a generar beneficios.

Hay traders que pasan el día conectados a una pantalla del ordenador, o al teléfono, pero para actuar de manera productiva tal vez no es la mejor estrategia a seguir. Los servicios de un trader deben estar compuestos por las siguientes partes:

- un plazo para la determinación de la estrategia de acción el plan de trabajo

- un plazo para el análisis de mercado y la evaluación del contenido

- la compraventa de títulos financieros

Estas cosas, junto con el estudio del mercado, conducen a una mejora del negocio, con ganancias cada vez mejores y mayores. El objetivo siempre es encontrar la mejor estrategia para tu estilo de trabajo.

Los modos operativos

Para profundizar en los sistemas de trading en línea, ahora vamos a identificar tres maneras de actuar del inversor, sobre la base del período de tiempo que decide cumplir:

- Descalzado: entrada y salida del mercado varias veces en el mismo día con acciones. Cada operación tiene una duración de pocos minutos. El scalper utiliza continuamente el book.
- El trading diario: trabajar en un período de tiempo diario.

Lo que hace el entrenador del día es comprar ese día, una acción que ha estado siguiendo durante mucho tiempo; porque a través de sus análisis ha llegado a la conclusión de que ese día concreto será su rendimiento óptimo. No puedes dejar pasar esta oportunidad.

- Luego tenemos los traders abiertos, son los que entran en el mercado de forma puramente aleatoria, o después de la filtración de algunos datos en particular.

- Por último, hablemos de los inversores a largo plazo. Son los que inician actividades largas; están convencidos gracias a una serie de datos recogidos, que un determinado título, puede aumentar en un espacio temporal medio largo.

Costes de la plataforma

Los costes varían en función de la fiabilidad, el funcionamiento y los servicios prestados por la plataforma elegida.

¿Pero cuál es la mejor plataforma?

Depende mucho de lo que quieras hacer y de cómo; es evidente que los traders profesionales utilizan plataformas de última generación; están muy actualizadas y son muy recomendables; si eres un principiante, puedes empezar con algo más sencillo.

Gracias a la plataforma siempre tenemos bajo control nuestro saldo bancario actualizado, y absoluta posibilidad de actuar en los mercados financieros con un simple clic del ratón.

Normalmente se paga una cuota mensual fija. Por ejemplo, si se completan 20 operaciones de compra y venta en el plazo de un mes, la plataforma será gratuita. Otras tendrán precios más o menos bajos en función de los servicios prestados.

Los 3 pilares del comercio exitoso

Los tres pilares de la negociación exitosa son las herramientas necesarias para hacer que el negocio funcione mejor. Veamos cuáles son:

1- Análisis de los mercados:

Es importante saber desde el principio cómo hacer un análisis correcto del mercado; si sabes leer e interpretar un gráfico de la variación de los precios en el mercado financiero, ya estarás muy avanzado. El estudio de estos factores tiene por objeto hacernos comprender la situación económica actual en el mercado y cómo podrá modificarse y desarrollarse en el futuro.

También nos permite identificar cuándo entrar en el mercado y cuándo salir de él; dándonos más posibilidades de obtener un beneficio y no una pérdida devastadora.

2- Money & Risk Management:

Es fundamental preservar el capital, y por lo tanto gestionar e identificar mejor el riesgo.

El objetivo del money y risk management es minimizar las pérdidas, maximizar los beneficios y no perder ni un solo euro de lo que habíamos planeado.

Cuando iniciamos una nueva operación, siempre corremos el peligro de que el mercado se hunda en nosotros y nos haga perder dinero.

Con este pilar determinamos el nivel de riesgo que es mejor respetar y establecemos valores que nos permiten mantener la operación siempre bajo control.

Sin esto, sobrevivir en los mercados es muy difícil; la mayoría de los traders pierde todo su capital en un plazo máximo de un año desde el inicio de las inversiones.

3- Psicología y Manejo de la Emotividad:

Lo último que tenemos que aprender es a controlarnos y manejarnos a nosotros mismos. El tercer pilar se considera el más difícil de todos.

Hacer trading significa estar constantemente bajo presión; hay que evitar caer en las trampas psicológicas que la mente crea. También tenemos que trabajar sin descanso en nosotros mismos para alcanzar un nivel de calma y concentración que nos permita alcanzar nuestras metas sin demasiado esfuerzo.

La excesiva seguridad y la euforia son elementos que deben controlarse, por una parte, y, por otra, la ansiedad, el miedo, la codicia y el pánico.

En el trading, cualquier emoción extrema puede crear graves problemas, conducir a malas decisiones y a grandes pérdidas de dinero. Hay que permanecer "concentrado", razonable y lúcido. Este es uno de los aspectos más complejos.

Si para gestionar el riesgo es necesario hacer cálculos matemáticos simples, y para analizar la evolución del mercado hay técnicas; para mantener a raya la emotividad, la cuestión se hace un poco' compleja; No hay reglas que seguir y no es algo que puedas aprender estudiando. Es un camino de crecimiento personal que requiere trabajo y muchos sacrificios. Tienes que intentarlo, equivocarte y actuar. Si te equivocas, aprenderás a manejar las cosas sin entrar en pánico.

Alguien puede ayudarte enseñándote algunos trucos, pero sólo tú puedes dominarte a ti mismo y a tus emociones.

Los departamentos de tu empresa de trading

Al igual que todas las empresas, las de trading deben estar bien formadas para lograr el éxito, y para ello deberá dividirse en departamentos, cada uno de los cuales tendrá tareas específicas y llevará a cabo determinados controles. Sin embargo, en el trading, es posible realizar todas las tareas necesarias de forma rápida y eficaz, y sobre todo de forma autónoma. Lo único que se necesita es un ordenador y una conexión a internet.

Estos son los departamentos:

- *Departamento de proveedores:* Se encarga de buscar nuevos proveedores, controlar y gestionar los actuales y, en caso necesario, sustituir los presentes por otros nuevos; por ejemplo, cuando ve que ya no hacen su trabajo correctamente.

También debe asegurarse de que el intermediario financiero (llamado en la jerga de brókers), haga lo que le interese, que la conexión a la red sea rápida y sólida, y que el programa que utiliza sea óptimo para poder trabajar lo mejor posible.

- Investigación y desarrollo:

Se ocupa del estudio de los mercados y de la mejora de las nuevas técnicas utilizadas en los mercados financieros mundiales, y siempre busca métodos innovadores.

- Estrategia y planificación:

Crea un plan de negociación eficaz y bien estructurado a largo plazo; para ello procede con análisis, de manera que tenga clara la situación de partida y se ocupe de ella.

- Gestión del riesgo:

Supervisa el riesgo de cada operación, el riesgo total de la cartera y el riesgo sistemático al que se expone. Es útil porque da luz verde al comercio una vez que se ha asegurado de que no hay riesgos.

- Operaciones:

Aquí se realizan las operaciones de compraventa. En este departamento los impulsos recibidos se transforman en acciones y se ponen en práctica; se desarrolla el verdadero trabajo.

- Control de gestión:

Mide periódicamente los resultados para mejorarlos y comprueba todas las operaciones que se han realizado, detectando y corrigiendo posibles errores.

- Departamento de Finanzas:

En general, administra el dinero. Decide cómo desmovilizarlos de la cuenta corriente entrante y saliente, debe buscar los fondos necesarios para las diversas operaciones y también busca nuevos financiadores cuando sea necesario.

- Departamento de Sociedades y Hacienda:

Controla la fiscalidad en su conjunto. Por ejemplo, se ocupa de los tipos impositivos; y tiene la obligación legal de que gastes el menor dinero posible en impuestos. Planifica y estudia las soluciones empresariales más adecuadas para trabajar de manera especializada, sin exponerte a riesgos locos, y sin dar al Estado muchos de tus ahorros que tanto te costó conseguir.

Es necesario tener en cuenta los 3 pilares, ya que si sólo uno de ellos no es lo suficientemente robusto que podría enfrentar graves problemas.

Los mercados donde invertir

La empresa de negociación deberá efectuar transacciones económicas con el fin de obtener un beneficio y, para ello, utilizará los mercados financieros.

El mercado financiero es un lugar donde los compradores y los vendedores se reúnen para tratar la oferta y la demanda de bienes financieros.

Podemos encontrar muchos mercados financieros en los que se puede operar en línea; normalmente se dividen en 4 macro mercados:

1- Forex:

En este mercado, el objeto del intercambio es el dinero; el medio por excelencia para canjear todo bien existente. En este mercado se intercambia, precisamente, moneda bajo distintas monedas mundiales. Compramos un determinado tipo de dinero con la moneda de un país, pagando con un tipo de moneda de otro país y por lo tanto diferente; por eso es el mercado más grande del mundo.

2- Materias primas:

En este mercado se intercambian las materias primas que sirven a las industrias para producir mercancías, que utilizamos directamente. Siendo mercados financieros, en realidad, cuando compras, no llevas a casa físicamente el bien, sino que se intercambian contratos que reproducen el precio de los relativos bienes físicos. El importe de estos instrumentos se deriva del valor de estos activos, que por lo tanto se denominan instrumentos derivados.

3- Equity:

En este mercado se negocian las participaciones de capital riesgo, esencialmente se invierte en la empresa comprando sus acciones. Se compran acciones individuales y grupos de acciones.

4- Bond:

Es el mercado de bonos, representa los tipos de interés que se aplican a los préstamos que se conceden al Estado y empresas privadas.

El tipo de interés forma el valor final del bono que se vende o compra; cuanto más alto es el tipo de interés, más bajo es el precio final del bono. Cuanto más bajo sea el tipo, más alto será el precio del bono.

En este mercado, los fondos y los bancos son los actores más importantes, hasta el punto de que se trata de un mercado en el que cada día se intercambian miles de millones de euros, sobre todo con respecto a los bonos del Gobierno, es decir, los bonos del Estado.

Un buen trader es aquel que llega a especializarse en unos pocos mercados, logrando así conocerlos a fondo para llegar al éxito.

El balance de tu empresa de trading

Para ser un buen empresario y ser capaz de controlar tu empresa es necesario tener un presupuesto que le permite en todo momento para controlar tu negocio. Es el documento más importante en el que se presentan todos los acontecimientos y resultados que ha producido la empresa, y de ello se desprende que también se han producido pérdidas o beneficios y que también se ha obtenido la motivación. Podemos controlar nuestros gastos y ahorros y, sobre todo, podemos ver la evolución. Está formado por tres partes:

- Balance:
Se trata de un documento en el que se registran todos los activos (bienes que generan ingresos) y pasivos (capital que paga para constituir la empresa y, por tanto, activos fijos, y posibles deudas de diferente naturaleza).

- La cuenta de pérdidas y ganancias:

Es un documento que incluye todos los gastos e ingresos

- Nota explicativa:

Se trata de un documento en el que se registra periódicamente la evolución de su actividad. Será necesario especificar si ha habido errores debido a la falta de experiencia; qué se ha hecho correctamente y qué no, etc....

También habrá que hacer un resumen del período para ver si ha sido productivo y, por tanto, positivo o no; si se ha arriesgado demasiado o no y, sobre todo, si se ha alcanzado el objetivo fijado. Una vez hecho esto, lo que hay que hacer es comprender dónde hay que mejorar y encontrar los medios para hacerlo.

El comercio discrecional

El comercio discrecional es un instrumento que se utiliza para operar en el mercado de Forex; se basa en el análisis de los mercados financieros.

Trabajar con este sistema requiere una gran experiencia y un buen conocimiento del mercado de Forex; se basa en la madurez del trader para determinar cuándo abrir y cerrar una operación.

Cuando hablamos de este método, se trata de la negociación de valores y de instrumentos financieros con fines especulativos; todo ello se caracteriza por la falta de un modelo determinado que indique las opciones de inversión.

El trader decide sus operaciones sobre la base de sus propias ideas y evaluaciones y/o sobre la base de su experiencia personal, sin que estas opciones estén respaldadas por un conjunto de normas explícitas.

Este modelo no es adecuado para los traders que están en los comienzos de su carrera, ya que esconde problemas y trampas al no tener indicaciones demasiado específicas.

Además, los sistemas que han funcionado en el pasado no deben funcionar en otras situaciones. Esto se debe a que el mercado está en constante movimiento; actualizarlos es esencial si no quieres quedarte atrás y ralentizar las ganancias.

Los sistemas de negociación discrecional reflejan la experiencia del trader a lo largo de su trayectoria, por lo que son muy personales.

Capítulo V

El trading automático

El trading automático es una forma de operar sin tener que pararse frente a la computadora en la que se va a enseñar a un robot exactamente qué hacer, y una vez hecho esto, Solo pulsa el botón de inicio y empezará a hacer la tarea que le enseñamos. En esencia, sólo tiene que crear un programa en el ordenador que se llamará el sistema de trading se instalará en la plataforma de negociación que tenemos en el ordenador y al activar start comenzará a analizar los mercados y a realizar operaciones financieras siguiendo nuestras directivas.

La programación de un sistema de trading es muy complicada; requiere esfuerzo, inteligencia, tiempo y muchos controles.

Identifiquemos las razones por las que el trading automático es un instrumento que conduce a la independencia financiera:

- Si se planifica correctamente, puede convertirse en una fuente de beneficios; los ingresos deben considerarse una entrada automática, ya que el sistema los produce de forma autónoma.

- La obtención de beneficios con los programas de comercio en línea es un proceso que consta de tres fases: la programación, la preparación y la operación. La última se gestionará de forma independiente del software.

- Si todo va bien, el trading automático puede generar ingresos iguales o superiores a los del sistema comercial tradicional. El inversor puede obtener beneficios que le permitan mantener un estilo de vida muy digno.

- En primer lugar, hay que elegir el instrumento adecuado, es decir, Expert Advisor, para trabajar lo mejor posible. Entre los mejores y más conocidos se encuentra Evo Forex; puede adaptarse sin problemas a las diversas necesidades del trader, y también tiene una excelente garantía de seguridad.

Crear un sistema de trading (TS)

Tienes que empezar con una idea de negociación y tendremos una fase creativa y una fase descriptiva.

La fase creativa consiste en inventar la estrategia sobre la base de nuestros conocimientos, intuiciones, análisis estadísticos y de mercado, un poco lo que hacemos cuando elaboramos la estrategia de negociación discrecional.

La fase descriptiva es aquella en la que escribimos paso a paso nuestra idea de trading, como si fuera un manual, que luego se traducirá a un código.

El código es el lenguaje de programación, el lenguaje hablado y entendido por nuestro robot; de esta manera el programa puede ejecutar nuestros comandos.

Sería ideal conocer bien el lenguaje de programación, Pero hoy en día también existen programas especiales que facilitan esta parte permitiéndonos escribir largos códigos sólo haciendo dos clics con el ratón y permitiendo así ahorrar mucho tiempo.

Una vez escrito el TS, se instalará en la plataforma de negociación y haremos una primera comprobación para verificar que no hay errores en el código.

Luego analizaremos cómo nuestra estrategia de negociación se ha comportado en el pasado. Esta fase se llama Backtest; según el resultado, variaremos parámetros para que sea más rentable, más sólida en el tiempo y, por tanto, para que dé mejores resultados. Estas fases sucesivas se llaman de optimización.

Cuando estemos completamente satisfechos con nuestra estrategia, la pondremos a trabajar en el mercado, pero inicialmente en modo de demostración. De esta forma no vamos a arriesgar el dinero hasta que nos aseguremos de que todo está bien.

Trading algorítmico

El trading algorítmico es el que hace el trading automático.

El trading automático funciona con un sistema de cálculo basado en un algoritmo. Hablamos, pues, de un software que decide para nosotros las posiciones en las que ponerse, la cantidad de dinero que hay que invertir, la dirección de la tendencia y el plan estratégico que hay que poner en práctica.

Este tipo de trading tiene ventajas; vamos a ver cuáles son:

-Permite a los traders que están en el comienzo de su carrera y que, por lo tanto, no tienen ningún tipo de experiencia y conocimiento en el sector, obtener beneficios considerables y estar siempre presentes en los mercados, día y noche; un servicio que ningún humano podría proporcionar.

- Sigue una estrategia rígida, basada en el análisis técnico de los mercados, y no sufre ni estrés ni emociones que puedan provocar errores.

- Puede utilizarse como soporte de un análisis realizado por el hombre del contexto del mercado o por sí solo; en el último caso, se convierte en un software de comercio automático. Se maneja por sí mismo; basándose en las señales que detecta, hace las órdenes y gestiona la situación.

Trading algorítmico: Desventajas

El trading algorítmico, además de las ventajas, también tiene varias desventajas:

- Actúa sin tener en cuenta el lado humano de los inversores, es decir, las emociones, los movimientos que pueden surgir y los acontecimientos importantes.

- Casi todos los programas informáticos necesitan una personalización, que requiere un buen conocimiento de la técnica informática. Hay que "moldear" el sistema sobre la base de lo que necesitamos.

También podemos encontrar software llamado "llave en mano", el problema de estos es que son de pago es muy caro.

- La negociación algorítmica, si no se invierte un capital elevado, no produce resultados significativos, conduce a resultados mediocres.

Trabajar como comerciante

En la base de este trabajo está el riesgo, nunca sabes cuál será tu salario a fin de mes; si tendrás una ganancia o una pérdida. Nada es seguro y seguro, estamos hablando de un negocio en el que la tensión es un elemento constante.

Las 5 variables que afectan a la ganancia:

Para poder calcular de forma aproximada cuánto podemos ganar de nuestro trabajo, debemos tener en cuenta los cinco parámetros siguientes:

- Experiencia:

Cuanto más experiencia y conocimiento de los mercados, más posibilidades tienes de ganar. Si añades un estudio más profundo, tu potencial de ganancia crecerá. Por tanto, es fundamental estudiar siempre y seguir los mercados con asiduidad. Con el tiempo, serás más hábil, y podrás eliminar todos los pequeños errores que se interpongan en tu camino.

La experiencia puede ser de dos tipos diferentes:

- De primera mano:

Es la que acumulas en primera persona, inicialmente será limitada, pero con el paso del tiempo se hará cada vez más amplia; hasta que te conviertas en un experto en el sector.

- De segunda mano:

Este tipo de experiencia se considera quizás la mejor, es la experiencia de otras personas, y de donde puedes tomar ejemplo y tratar de aprender tanto como sea posible y entender cuál es la mejor manera de actuar al ver quién ya ha pasado por esto.

Si queremos cuantificar el tiempo necesario para llegar a ser un experto en comercio, mercados financieros y ganancias, podemos decir que tomaría unos 20 o 30 años de trabajo duro antes de alcanzar este nivel. Para aprender todas las técnicas rápidamente no hay mejor manera que hacerlo con la ayuda de traders más experimentados que tú. Al hacerlo en pocos meses, aprenderás lo que la mayoría de la gente aprende en años de trabajo duro.

Para aprender lo mejor es fundamental recurrir a ambos tipos de experiencia; tanto la de antes como la de segunda mano. En el primer caso estudia los mercados individualmente y en el segundo lee libros sobre el tema y se reúne regularmente con otros traders líderes en el sector.

- Apoyo.

Cuando piensas en un trader, te imaginas a una persona solitaria pasando el día con diferentes computadoras o pantallas, sin tener contacto con el mundo exterior.

Esta imagen es en algunos casos cierta, algunas personas prefieren trabajar así; pero los líderes del sector están siempre en contacto con colegas, se ayudan mutuamente, compartiendo información y consejos sobre las negociaciones que tienen en curso. El apoyo es especialmente importante cuando estás empezando y no sabes de qué lado girar o cómo empezar a obtener ingresos reales.

Son muy pocos los que emprenden este camino solos y llegan a su destino; para actuar así, tienes que tener una mente extraordinaria y un coeficiente intelectual altísimo.

La mayoría de las personas abandona el camino porque no tienen la ayuda que necesitan, siguen cometiendo errores porque no quieren consejos de nadie y terminan sin nada en sus manos.

El apoyo en este tipo de trabajo puede provenir de:

- Mentores que deciden estar cerca de ti, dándote todas las indicaciones adecuadas para alcanzar el éxito.

- Compañeros que viajan contigo, entienden tus pensamientos, tus miedos y tus sueños y tratan de ayudarte lo mejor que pueden. La combinación perfecta de apoyo está formada por mentores+ amigos traders.

- Familiares y amigos que creen en ti, en tu potencial y en tu éxito. A veces un trader no tiene el apoyo de su familia, lo que puede crear problemas o tensiones.

Por desgracia, muchas personas todavía no entienden la actividad laboral del trader; todavía tienen muchos prejuicios, piensan que no es un trabajo real porque todavía es poco conocido y por lo que dicen no es fiable; Aunque en realidad no es así.

- Capital.

La cantidad de dinero que tienes disponible al inicio de tu carrera como trader, va a influir mucho en tu carrera. Cuanto más alto sea el capital inicial, más posibilidades tendrás de arriesgarte y hacer negocios más grandes, lo que te dará más posibilidades de ganar dinero. Eso es todo lo que hay.

El riesgo y el porcentaje de ganancia siempre se expresan en términos porcentuales y nunca absolutos.

Con el trading en un día tienes la posibilidad de ganar 50 €, con una inversión de 10000 €; en porcentaje la ganancia corresponde al 0,5%. Varios bancos te permiten ganar esa cantidad después de un año de inversión. Eso te hace ver lo rentable que puede ser el comercio.

- Riesgo.

El riesgo es la base de la negociación; es un indicador muy importante, puede conducir a una gran ganancia, pero también a una gran pérdida; que podría causar el fracaso de su negocio.

Cuanto más alto sea el riesgo que asumas, más tendrás la oportunidad de ganar. Pero no siempre se gana; si las cosas salen mal, tendrás que afrontar grandes pérdidas financieras.

La mejor opción es, por tanto, arriesgarse poco, actuar con conciencia y astucia. El beneficio al que aspiras no debe referirse únicamente a la operación en curso, sino a todas las actividades que, en su conjunto, darán lugar a ingresos importantes.

Es inútil e imprudente arriesgarse apostando demasiado por cada operación. Tu camino estará formado por un montón de acciones, debes claramente predecir que en el total también habrá pérdidas; no siempre se puede ganar. Por desgracia, no tenemos la bola mágica para saber de antemano cuáles serán las operaciones perdedoras; la única solución para protegerse es arriesgar una pequeña parte de tu capital.

No existe el juego que cambia tu vida para siempre; pero puede suceder el que destruye tu negocio y tus finanzas para siempre; debes tener mucho cuidado. Por lo tanto, siempre es mejor hacer pequeñas jugadas que con el tiempo conducirán a un gran resultado en lugar de arriesgarse demasiado a la vez. Considera cada operación como una pequeña gota que te llevará a fin de año a llenar el vaso.

En general se aconseja arriesgarse poco, pero esto no es cuantificable en forma absoluta; depende mucho de los fondos que cada trader tiene a su disposición, Según eso, habrá algunos dispuestos a arriesgarse más y otros dispuestos a arriesgarse menos.   Por lo tanto, no tenemos un parámetro válido para todos los traders, hay quien puede invertir serenamente el 5 %, quien máximo el 2 % y quien el 0,3 %; todo es muy relativo.

La única regla general es prestar atención y hacer todo lo posible para no salir del mercado y quedar financieramente destruido.

- Frecuencia.

Representa el número de operaciones que el trader puede realizar en un determinado período de tiempo; por ejemplo, 1 año o 6 meses.

La frecuencia de acción varía en función del período de tiempo en el que se decide trabajar o del tiempo que se decide dedicar al trabajo; éste puede ser más o menos amplio.

Por ejemplo, si en cada operación se obtiene el 3% del capital invertido, si se realizan 10 operaciones en un mes, será muy diferente de si se realizan 50 operaciones en el mismo período de tiempo. Todo depende de cómo decidas manejar las operaciones y el calendario.

Es difícil entender cuánto puede ganar cada persona de esta actividad, esto es porque cada uno es único; se diferencia por experiencia, capital invertido, riesgo que está dispuesto a soportar, la frecuencia de la acción, etc...

El cambio de una sola de estas variables conduce a la modificación del resultado final.

Capítulo VI

Las trampas del trading

El trading es una actividad fascinante, altamente rentable, difícil y poco conocida.

Los diversos anuncios que ofrece la web sobre este tema son atractivos y prometen posibilidades de ganancias exorbitantes, por lo que es fácil dejarse seducir por este mundo rodeado casi por un halo de misterio.

La pregunta que se plantea es por qué, si se trata de una actividad laboral como otra, está tan patrocinada y publicitada como extraordinaria, y para otras profesiones no hay absolutamente propaganda.

Esto debería alertar inmediatamente, ¿qué diferencia el trading de cualquier otro tipo de trabajo? La respuesta es simple: El riesgo.

Evitar las trampas

El trading en línea, como cualquier otra actividad laboral, necesita tiempo para ser llevado a cabo de la mejor manera, además del trabajo sí mismo se pasan muchas horas estudiando y actualizando.

Para entrar en este ámbito, se necesita una cantidad de dinero para invertir en el activo. Este capital se gestionará entonces para obtener un beneficio.

Lo primero que hay que considerar es que el trading en línea es complicado, tanto desde un punto de vista técnico, pero sobre todo psicológico; no todo el mundo es bueno para este tipo de trabajo. Hay que tener un carácter fuerte, nervios firmes y sangre fría; un gran autocontrol es esencial para lograr siempre razonar con la mente lúcida.

O se ha llevado o no se ha llevado a cabo para este trabajo; no hay término medio; si te das cuenta de que es algo que no es para ti tirar hacia atrás inmediatamente antes de tener grandes pérdidas en términos económicos.

Algunas personas piensan que el mercado está manipulado y que los bancos controlan las operaciones, puede ser cierto, como puede no serlo. Lo que realmente importa eres tú y tus habilidades para no perder dinero en el mercado.

El entorno de la negociación es rico en delincuentes que prometen grandes números, hacen grandes promesas y, en cambio, su único objetivo es estafarte incluso por unos cientos de euros.

Lo que pueden llegar a hacer es robarte todos los ahorros que has ganado con gran dificultad y quitarles la confianza en otros profesionales del medio ambiente.

Aléjate de quien te llama o te escribe prometiendo grandes resultados inmediatos, con ganancias de 5 ceros y beneficios sin terminar.

Por desgracia, está lleno de este tipo de sujetos, debe ir siempre con los pies de plomo y estar atento a las señales no claras y promesas locas.

Gestionar el riesgo

Para empezar a trabajar como trader, debe disponer de un capital de al menos 10.000 €.

Tomemos un ejemplo:

Los mercados financieros funcionan de lunes a viernes a lo largo de todo el año, con un total aproximado de 200 días hábiles (días en los que se puede operar en línea).

Inicialmente el capital a disposición del inversor es de 10000 €; el primer día como trader pierde 50 €. Puede parecer una pequeña pérdida, casi insignificante; al principio puede caber, todos cometen errores, somos humanos es parte de nuestra naturaleza. Este razonamiento va bien; pero hagamos dos cálculos.

De un capital de 10000 €, 50 € inciden sobre una base diaria para el 0,50%.

El 0,50% x 200 días de operatividad madura un interés del 100%.

¿Hablando en términos reales quién sería el loco que suscribiría un préstamo con intereses al 100% en el banco? Creo que nadie. Esto nos da a entender que lo que puede parecer una pérdida inofensiva de solo 50 es, de hecho, un daño enorme si nos fijamos en el panorama general sobre una base anual.

Qué rendimientos esperar

Es importante planificar todas las acciones para evitar grandes pérdidas.

Comienza estableciendo un objetivo a alcanzar en un año, y divide el trabajo sobre una base diaria, de modo que esté seguro de gestionar el mejor capital y el tiempo disponibles. Deberá ser posible determinar la magnitud de la operación.

En esta ocupación nada es seguro, nada es infalible, el riesgo y los imprevistos están siempre a la vuelta de la esquina. El único que puede marcar la diferencia eres tú y nadie más, tienes que creer en ti mismo y en tus habilidades.

¿Cuánto tiempo se tarda en aprender a operar?

El trading es actualmente una de las pocas actividades laborales que puede asegurar riqueza, libertad financiera y personal.

Pero para ello es necesario tener una visión y un plan; como en cualquier otra profesión, no existen atajos para el éxito. Este sector, que trata de dinero, está lleno de trampas que hay que saber reconocer y evitar, ya que no hay que basar sus decisiones en la codicia, sino que hay que decidir siempre con lucidez, evaluando las posibles oportunidades.

Sigue un camino gradual y duradero que te haga aprender paso a paso, practicando mucho sobre el terreno. El tiempo necesario para aprender dependerá en gran medida de algunas características personales.

Estos son los factores que determinan el tiempo que se necesita para aprender a operar:

- Edad del cerebro.

La edad es importante, pero al fin y al cabo es sólo un número. Aquí nos referimos a la edad mental de una persona. Hay chicos de 20 años que, en lugar de estar llenos de vida, dispuestos a entrar en el juego, a arriesgarse y a hacer nuevas experiencias; se comportan como viejos pensionistas. Para ellos nunca habrá esperanza de cambiar y empezar a operar, es algo que va en contra de su naturaleza. Significaría ponerse demasiado en juego y cambiar radicalmente su forma de ser. Esto no es factible para ciertas cosas, como el comercio; o si lo llevas o no lo eres. Para ellos no hay salida en este campo.

En cambio, hay personas de cierta edad, que todavía son muy jóvenes, que buscan en todas partes nuevas oportunidades y nuevos estímulos para crecer y aprender cosas nuevas, tanto a nivel personal como financiero. Para este tipo de personas aprender a operar es como un juego, un desafío que están decididos a llevar a cabo; tienen potencial y deben canalizarlo de la manera más correcta. El trading en línea es uno de ellos.

67

Tienen todas las cartas en regla para lograr el éxito y mejorar considerablemente su situación económica, y por lo tanto su estilo de vida.

En resumen, la edad física no es más que un número; lo que realmente cuenta es la edad cerebral.

- Constancia.

Es la calidad que necesitamos para llevar a cabo nuestro proyecto y alcanzar los objetivos fijados. Lleva tiempo llegar a su destino y a menudo a lo largo del camino puede haber momentos difíciles, es precisamente ahí donde tienes que seguir adelante, un paso a la vez, sin rendirte nunca. Cada uno tiene su propia vida, sus propios compromisos; no todos pueden permitirse dedicar todo su tiempo a la negociación, muchos hacen también otros trabajos, y con razón deben obtener un nicho de su tiempo también para los amigos y la familia.

Puede ocurrir que se deje de lado un poco el estudio debido a los miles de compromisos; lo más importante es tratar de trabajar poco todos los días, incluso los fines de semana si se logra de tal manera que nunca perder el ritmo. Empezar de nuevo después de una pausa sería muy difícil y por lo tanto es muy desaconsejado. Se necesitan 30 minutos al día para familiarizarse con los mercados. Pronto será automático hacerlo todos los días, será raro no hacerlo. A pesar de que unos pocos minutos al día pueden parecer inútiles en realidad al final te llevarán a tener amplios y consolidados conocimientos.

- Tiempo de estudio.

El tiempo es una variable muy importante; cuanto más se aplica y mejor. El proceso de aprendizaje toma mucho tiempo, no es factible convertirse en trader en pocos días o peor aún una noche; olvídalo. Incluso cuando crees que lo sabes todo, siempre hay algo nuevo, es un mercado en continua evolución, más concentración en el estudio y más cosas aprenderás en menos tiempo. Obtendrás resultados buenos y rápidos.

- Capacidad de aprender de tus errores.

Esta actitud es importante cuando se aprende algo nuevo; a menudo se intenta, si cometes un error tómalo como una lección y no lo cometas más.

Operar en los mercados implica un seguimiento continuo por parte de los mismos, mantenga los ojos bien abiertos para evaluar mejor la situación y entender qué dirección tomar. La retroalimentación te mostrará si lo que estás haciendo está bien o si necesitas modificar algo para mejorar la situación.

Para poder seguir este proceso, tienes que asumir que eres humano y que, por lo tanto, cometerás errores. No hay nada malo en ello, es parte de nuestra naturaleza; lo que cuenta es saber hacer útiles los errores cometidos.

Si no aprendes a equivocarte, es una pérdida de tiempo; pierdes dinero y confías en ti mismo.

- Persistencia.

Es muy importante, te permite seguir tu propio camino incluso cuando las cosas no van bien y los resultados tardan en llegar. Gracias a ella, no te hundas, incluso si es difícil, luchas todos los días, porque tienes claro tu objetivo: ser el mejor agente de los traders. La persistencia te lleva a seguir el camino siempre en los peores momentos, cuando no llegan los resultados, cuando te sientes solo y no ves la salida. Tienes que respirar hondo y volver al camino, alejar los pensamientos negativos y concentrarte en la positividad. Recuerda por qué empezaste este camino, piensa en tu objetivo y sigue con la cabeza bien alta.

Volvamos a nuestra pregunta inicial; ¿cuánto tiempo se tarda en convertirse en un comerciante profesional?

La respuesta no puede ser la misma para todos; depende mucho de las variables antes mencionadas. Cuanto más eficientes y estudiosos seamos, menos tiempo nos llevará llegar a un conocimiento profundo.

Puedes ser la persona más inteligente del mundo, pero si no te esfuerzas, estudias cosas que no son necesarias y en el orden equivocado, solo conseguirás resultados con gran dificultad.

Para llegar a ser trader, es necesario realizar un estudio y un ejercicio de al menos un año. En general, este es un tiempo adecuado para aprender el oficio, pero depende siempre de la capacidad, el esfuerzo y el tiempo que una persona nos dedique.

Capítulo VII

El plan para la libertad financiera con el trading

Cuando utilizamos el término libertad financiera nos referimos a la posibilidad de ganar sin tener que trabajar muchas horas al día, o trabajando sólo por muy poco tiempo.

El sujeto crea un sistema muy eficaz; si durante un año decide no trabajar más, renunciar a todo seguirá percibiendo ingresos sin tener que hacer absolutamente nada.

Hay una gran diferencia entre ser rico y rico.

Ser rico significa tener mucho dinero que te permite comprar lo que quieras cuando quieras. Para llegar a este nivel es necesaria tu presencia en el trabajo; una presencia continua y constante. Cuantas más tardes, más ingresos.

Por ejemplo, un trader que trabaja 2 horas al día y gana bien es financieramente libre sólo en parte. Para la libertad financiera absoluta, el sujeto no tiene que hacer absolutamente nada; sino crear inicialmente un sistema que luego sea capaz de generar ingresos constantes sin su intervención.

En cualquier caso, el comercio ofrece un buen nivel de independencia financiera, puede elegir cuándo y cuánto trabajar; si quiere tomarse unas vacaciones puede hacerlo sin rendir cuentas a nadie. Hay algunos traders que pasan todo el día trabajando y sí, son ricos, pero no son libres. Recordemos siempre que la libertad es el elemento fundamental para vivir una vida serena.

El trader que trabaja poco, alrededor de 3/4 horas al día y que busca oportunidades de inversión a largo plazo y que mientras que puede participar en otros trabajos/actividades, es la figura que más se acerca al concepto de libertad financiera en este ámbito. Sin embargo, tiene tiempo para tener una vida privada, para seguir sus pasiones, sus sueños y estudiar temas que le intrigan especialmente.

Conclusiones

Lo primero que hay que hacer para alcanzar la tan soñada libertad financiera es cambiar de actitud.

Para lograr la independencia financiera es útil cambiar de actitud mental, hay que dejar de pensar en la ganancia como algo que se logra trabajando un total fijo de horas. Hoy hay muchas nuevas posibilidades de trabajo diferentes e innovadoras que permiten conseguir lo que es el sueño de todos; es decir, la libertad.

Lo que hay que hacer es saltar, no tengas miedo, inténtalo; y si ves que no es para ti ensayar con otra cosa.

Incluso si tienes un trabajo a tiempo completo que te ocupa la mayor parte del día, encuentra incluso unos pocos minutos para dedicarte a tu nuevo proyecto de negocio. Lo difícil es comenzar; una vez que los engranajes no se detienen y todo es natural. Un día tendrás un gran paquete de conocimiento, casi sin darte cuenta.

También es importante saber gestionar las ganancias y los gastos. Los ingresos siempre deben ser superiores a los gastos; de lo contrario, hay que preocuparse. Se corre el riesgo de un colapso financiero.

Ahorrar es útil para tener suficiente disponibilidad económica para invertir en nuevos proyectos.

Estudia educación financiera, te ayudará a entender mejor cómo manejar tus operaciones, inversiones y riesgos.

Para no arriesgarse demasiado a diferenciar tus ganancias; haz también otro trabajo que te dé más estabilidad si lo consideras oportuno.

Abrir tu mente y experimentar nuevas formas de ganancia conduce a una modificación radical de tu mente. Te abre los ojos a un mundo de nuevas posibilidades.

Lo importante es no saltar si las cosas no salen como lo planeamos o tardan más de lo previsto. Aprende a aceptar el golpe y a levantarte cada vez más fuerte.

Persevera en tu meta y verás que al final los resultados llegarán.

Es cierto que hay que basarse en las reglas fundamentales para construir la propia actividad de trading profesional, y es igualmente importante la parte operativa; pero este recorrido no debe ser igual para todos. Cada uno es único y tiene que entender cuál es el modus operandi que más le conviene.

Los mercados son dinámicos y cambian continuamente su comportamiento, de modo que incluso las estrategias deben adaptarse porque las que eran eficaces hace años ya no lo son, y deben actualizarse a las nuevas condiciones. Sobre todo, la estrategia operativa debe estar en sintonía con el trader y su personalidad, de modo que pueda utilizar mejor su inteligencia.

Por lo tanto, podemos decir que es esencial aprender los principios fundamentales y adaptarlos al tipo de negocio que se quiere hacer siguiendo esta filosofía:

"Dale un pez a un hombre y lo alimentarás por un día. Enséñale a pescar y lo alimentarás durante toda su vida."